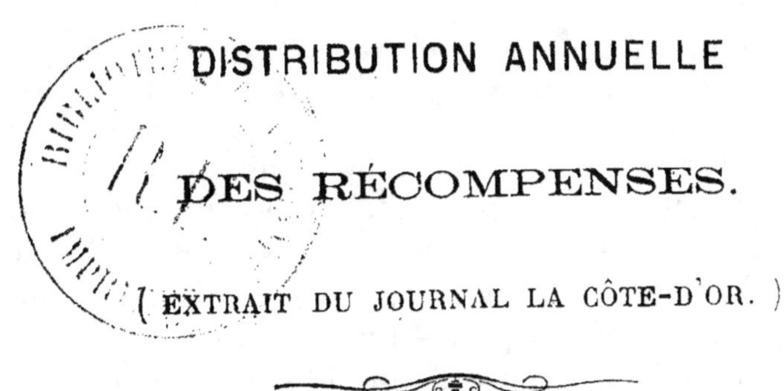

DISTRIBUTION ANNUELLE
DES RÉCOMPENSES.

(EXTRAIT DU JOURNAL LA CÔTE-D'OR.)

La Distribution annuelle des Récompenses aux élèves de la Colonie de Cîteaux a été célébrée hier avec un
grand éclat, grâce au concours de plusieurs illustrati-
ons et d'un grand nombre d'étrangers venus de divers
départements. L'OEuvre de Cîteaux rayonne de plus en
plus; elle n'atteint plus seulement la contrée voisine,
elle va chercher au loin l'intérêt et la sympathie. Nous
avons pu constater hier l'étonnement de plusieurs per-
sonnages, fort au courant de tout ce qui a été publié sur
la Colonie, soit dans les feuilles publiques, soit dans les
rapports officiels, et qui, craignant des exagérations de
renommée, avaient voulu voir par eux-mêmes et tou-
cher du doigt la réalité. Pour eux, comme pour tous ceux
qui visitent Cîteaux, la réalité a dépassé l'attente. Devant cette jeunesse si affectueusement disciplinée, vivant sans contrainte dans une atmosphère de travail et
de sérénité morale, gaie, alerte, fortifiée par les bonnes
résolutions et les bons exemples, confiante dans un ave-
nir meilleur préparé sous la direction paternelle et clair-
voyante des Pères et des Frères de Saint-Joseph, on est

encore moins captivé par l'admiration que dominé par
une émotion qui saisit et remue toutes les puissances af-
fectives de l'âme. Devant le merveilleux spectacle de ce
petit peuple transformé par l'amour et le dévouement
chrétien, nous, profanes, nous avons comme une intui-
tion rapide de l'idéal dont est faite la vie de la fille de
Saint Vincent de Paul, des fils et des filles de cette famille de Saint-Joseph, que le P. Rey a léguée à notre
siècle comme un témoignage de puissante fécondité de
l'Église catholique, créant sans cesse, pour les besoins
nouveaux, des ressources nouvelles.

La fête d'hier a été favorisée par un temps magnifique. Le matin, à quatre heures, quatre cents élèves
s'approchaient de la sainte table, et au milieu d'eux M.
Paul Besson, avocat au conseil d'État et à la cour de
cassation, député du Jura, arrivé de la veille. A neuf
heures, quarante voitures avaient déjà amené trois cents
visiteurs de Dijon, de Beaune, de Nuits, des villages de
de la Côte et des bords de la Saône, en même temps
arrivaient à pied près de deux cents personnes de la ban-
lieue; en tout cinq cents étrangers environ.

La messe solennelle fut célébrée par M. l'abbé Carra,
aumônier du lycée de Dijon. Nous avons déjà dit avec
quelle pompe se font les offices religieux dans la Colonie.

Après la messe eut lieu le déjeuner qui fut servi
pour les invités dans le réfectoire des Frères. Cette vaste
salle avait un aspect féerique. Au milieu, des rochers,
couverts de mousse et de fleurs les plus rares fournies
par le jardin botanique de l'établissement, s'élevaient
antour de deux vasques, du centre desquelles s'élançaient
deux jets d'eau; les fenêtres masquées par des transpa-
rents encadraient une riche exposition des produits hor-
ticoles, artistiques et industriels de la maison; nous y

avons admiré des corbeilles de fruits dignes de figurer dans une exposition internationale.

A deux heures, vêpres et sermon par le P. Villion, directeur de l'OEuvre de Saint-Léonard de Lyon.

A l'issue des vêpres, réunion générale dans la grande salle des récompenses. Le R. P. Donat, supérieur général de l'Institut de Saint-Joseph, était entouré d'étrangers d'élite; nous ne pouvons les citer tous; mais nous distinguons au premier rang M. P. Besson, Mme Marey-Monge et sa famille, M. Desgeorges, un des notables industriels de Lyon, un des promoteurs de l'OEuvre de Saint Léonard. Nous y voyons encore M. l'abbé Bougaud, vicaire général d'Orléans, et beaucoup d'ecclésiastiques, des membres de la Société de Patronage de Dijon, des dames aux brillantes toilettes, des magistrats, etc., etc.

M. Paul Besson adressa aux enfants une allocution émue et toute pleine des sentiments d'admiration que lui inspire le spectacle qu'il a sous les yeux depuis la veille. Il dit ce que fut Citeaux autrefois, ce qu'il est aujourdhui, ce qu'il sera demain avec la charité et le dévouement chrétien pour base, et pour but, la régénération de la jeunesse. L'orateur rappela à grands traits les principales vertus qui s'imposent à ces jeunes enfants, le travail, l'obéissance, la fraternité, la chasteté. Sa parole sympathique et sans apprêt dut aller droit au cœur de son jeune auditoire, car la physionomie et l'accent de l'orateur marquaient ses paroles au coin de l'affection la plus tendre, de cette affection pure, vive et surnaturelle qui jaillit d'un cœur chrétien.

La Distribution des galons et des récompenses eut ensuite lieu suivant l'usage habituel. Cependant nous

avons remarqué avec plaisir une innovation. Ces maîtres si ingénieux pour stimuler l'émulation ont créé un
nouvel ordre de distinctions. Parmi les plus méritants
par leur assiduité et leur réussite dans le travail, on en
a choisi un sur vingt qui sera désigné comme premier
ouvrier et en portera l'insigne distinctif . Outre
le nom et l'insigne, un livret de caisse d'épargne lui
est délivré, ainsi qu'à d'autres élèves qui, dans la même proportion, ont mérité une mention honorable.

Seize cents francs environ, provenant de dons particuliers, ont été délivrés en bons de caisse d'épargne.

A cinq heures et demie, exercices par l'école militaire, et gymnastique.

A huit heures, réunion daus la salle du théâtre où
les élèves ont joué un drame historique. La journée a
été complète, car elle s'est terminée à 11 heures du soir
par une magnifique retraite aux flambeaux au son de
la musique militaire, des tambours, des fifres et des
clairons.

Heureuse Colonie ! sois de plus en plus prospère,
c'est le vœu de tous ceux qui te visitent, et auxquels tu
découvres le sens profond de ces deux mots inscrits sur
le drapeau de ton école : DIEU ET PATRIE.

DISCOURS

DE M. PAUL BESSON

DÉPUTÉ DU JURA

Messieurs,

On m'a fait l'honneur de m'inviter à présider cette réunion où l'on va décerner à ceux qui les ont méritées les marques de bonne conduite qui seront pour eux les plus douces récompenses. Comment dire mon affection pour la colonie de Cîteaux, mon admiration pour ses maîtres, ma sympathique estime pour tous ceux qui concourent à faire prospérer et grandir une institution à la fois si française et si chrétienne ? Veuillez voir en moi un ami qui depuis longtemps connait la Colonie, aime à s'informer de ses progrès et se sent bien heureux du séjour qu'uil lui est donné de faire au milieu d'elle.

Dans le cours de la triste guerre qui a ravagé la France, soldat, je passai près de Cîteaux. C'était après les terribles combats de Nuits. La Colonie était à peu près dispersée. J'en avais vu les élèves chassés par l'envahisseur : errants ils ne savaient où porter leurs pas. N'aurait-on pas cru que la Colonie était à jamais détruite et que parmi les ruines que l'invasion allait laisser à sa suite il y aurait ici un irréparable désastre ? Ainsi en aurait pu juger l'esprit borné des hommes ; mais selon la pensée d'un orateur chrétien, les religieux comme les chênes sont immortels et ils communiquent à leurs œuvres quelque chose de mystérieux qui brave le temps et triomphe des plus accablants malheurs. Si la tourmente guerrière avait pu disperser la Colonie, l'esprit du père veillait sur sa famille: bientôt il en rassembla les membres; maîtres, élèves, tous se retrouvèrent réunis, les uns brûlant du zèle qui les enflamme, les autres soutenus par l'esprit d'amendement qui les change et les convertit.

Salut donc à la colonie de Citeaux, à ses maîtres, à ses élèves, à tous ceux qui concourent à la faire prospérer et grandir! C'est à Citeaux et à sa Colonie que je veux appliquer ce beau vers du poëte:

Salve, cara Deo tellus, sanctissima, salve.

Citeaux, où les moines autrefois changèrent le désert en des cloîtres bénis et firent éclater la sainteté et les vertus chrétiennes; Citeaux, qui un instant fut humilié sous le joug impur de l'impiété, mais qui se relève dans les œuvres de la pénitence et du travail; Citeaux, à qui Dieu réservait dans les temps modernes de voir de nouvelles merveilles dans de nouvelles conquêtes de l'honneur et de la vertu. Oui salut terre sainte et bénie; tous nous t'aimons et nous t'aimerons toujours.

Mes amis,

Tout à l'heure j'ai fait allusion à la guerre. Je veux un instant vous entretenir de ce sujet terrible. Aussi bien il est plein d'enseignements et vous pouvez y puiser des leçons utiles pour le gouvernement de votre vie.

... ... partout! Vous en étiez-vous déjà rendu compte ? Vous étiez-vous déjà demandé pourquoi?

La guerre est dans l'humble sillon où sans cesse mille insectes se livrent des combats acharnés. La guerre est dans les airs; elle est dans l'abime des mers, où elle agrandit ses combats avec les espaces où elle livre ses luttes sanglantes. La guerre n'est-elle pas au sommet des volcans ? n'est-elle pas dans les entrailles de la terre ? n'est-elle pas dans la nue où elle retentit en longs accents de tonnerre ?

Oui la guerre est partout, aussi bien dans la nature physique que dans le monde animé: partout la guerre fait entendre la voix de ses orages et de ses colères.

Hélas ! la guerre est surtout parmi les hommes. Depuis 4000 ans que les hommes issus d'une même famille se sont partagé la terre, la terre objet de leurs convoitises, est devenue le théâtre sanglant de leurs luttes fratricides. Ces luttes, vous le savez, moissonnent leur vie en faisant couler leur sang.

Serait-ce d'aucune de ces guerres que je voudrais vous entretenir ? non, il est une autre guerre plus vive, plus terrible; une guerre que l'homme ne saurait éviter et dont il sortira un jour ou honteusement vaincu ou glorieusement vainqueur. Cette guerre a déjà commencé pour chacun de vous; son heure en a sonné pour vous à l'heure des premières lueurs de votre raison; elle ne finira qu'au seuil même de la tombe: guerre pleine de périls, mais aussi de noblesse; digne d'être conduite par un noble cœur qui sait comprendre que la vie est un combat et qui aime à se dire avec le poëte:

La vie est un combat, dont la palme est au ciel.

Qu'est-ce donc cette guerre? quel est son nom? quel est son théâtre ? qui doit être son héros ?.

Avant de vous le nommer et de répondre à ces questions diverses, il convient que j'éveille votre attention à son sujet. Je veux donc vous conter une histoire, une vieille histoire, empruntée, je crois, à un fabliau Écossais. Déjà peut-être en savez-vous le récit, n'importe; il vous sera utile de l'écouter à nouveau. Vous comprendrez ensuite l'enseignement qui s'en tire.

A la cour d'un roi, au milieu de brillants chevaliers, vivait un nain languissant et difforme. On avait pour lui la pitié qu'on éprouve pour le malheur; mais personne ne pensait à lui porter remède; car, à le voir si chétif et si laid, on pouvait croire que la nature l'avait pour jamais enfoui dans sa difformité.

Cependant le nain avait cru voir en songe que devenu grand, beau, il prenait rang parmi les chevaliers. Mais à son réveil, accablé de se voir toujours laid et toujours difforme, il désirait quitter la coûr, et souhaitant la mort il s'en allait suppliant chacun de lui trancher la tête.

Un jour il s'adresse à l'ami fidéle qui lui marquait la plus tendre pitié : « Délivre-moi enfin, lui dit-il; je t'en supplie, ose donc me trancher la tête. » L'ami refuse, et le nain se prend à pleurer; le nain répète sa prière et l'ami refuse encore; mais comme il voit le visage de son pauvre nain tout inondé de larmes, l'ami hésite et il se décide enfin. Il frappe, et voilà que se dresse non plus le nain difforme, mais le plus grand, le plus beau des chevaliers, triomphant d'un cruel enchantement qui l'avait tenu captif dans l'étroite prison de sa laideur passée.

Je crois vous entendre me dire avec étonnement: quel est donc ce nain à qui il faut trancher la tête pour

qu'il devienne grand et beau ? Je vais bien vous surprendre en vous disant son nom.

Son nom, vous ne le soupçonnez pas. Eh bien! ce
nain, c'est chacun de vous, car c'est tout homme en-
trant en ce monde et traînant après lui la pesante chaîne
de ses défauts, de ses vices et de ses passions. Oui, mes
amis, les défauts, les vices, les passions, en enchaînant
l'âme, forment autour d'elle comme une étroite prison,
dans laquelle elle reste captive, tant qu'un ami fidèle
ne vient pas rompre les liens et ouvrir à la noble prison-
nière les portes de cette prison où elle languit et se meurt.

Voilà la guerre dont je voulais vous parler; voilà la
guerre qui déjà a commencé pour vous; voilà la guerre pour laquelle je vous dis: que choisissez-vous ? voulez-vous la défaite ? voulez-vous la victoire ?

Dès son entrée dans la vie et jusqu'au seuil de la
tombe, l'homme est suivi par deux mystérieux compa-
gnons qui, cachés à ses regards, tiennent à son esprit
un incessant langage.

L'un de ces conseillers invisibles, hélas ! compagnon
bien funeste, ose lui dire de ne reconnaître aucun maî-
tre et d'écarter tout conseil, de donner son cœur aux
richesses de la terre et de livrer tout son être aux plaisir des sens. Il ne rougit pas de lui dire que l'orgueil,
l'avarice, la volupté sont les buts de la vie. Il tient ce
langage impie, dégradant, sous mille formes diverses et
le redit sans cesse. Il le crie à l'enfance, le répète à l'â-
ge mûr, le redit au vieillard: pour le mieux faire entendre de l'esprit et du cœur, il emprunte le langage du
doute et la voix frémissante des passions.

L'autre conseiller tient à l'âme un tout autre discours: il lui parle de Dieu, du devoir, de la vertu; il l'invite à porter sa pensée plus loin que les biens de la terre et à placer bien haut son espoir et son cœur. Il lui dit surtout de mépriser le plaisir: « Sois humble, sois juste, sois sobre et sois chaste, lui dit-il, travaille et souviens-toi du Ciel. »

Ces deux langages si contraires, dont l'un si noble, l'autre si bas, si rampant, ne vous sont pas inconnus; déjà tous deux se sont fait entendre à votre conscience, l'un pour la surprendre, hélas! en un jour de malheur, et la laisser triste et découragée; l'autre, pour la relever et lui rendre la joie dans la paix.

Eh bien! formez aujourd'hui une énergique résolution, soyez résolus à fermer l'oreille à la voix des passions et à ouvrir vos cœurs au devoir et à la vertu. Oui, devenez et demeurez toujours des hommes de devoir. A le devenir appliquez tous vos soins et redoublez vos efforts. Quelle que soit la position où Dieu daigne vous placer, par quelques vicissitudes qu'il lui plaise de vous faire accomplir votre vie, rappelez-vous qu'à votre entrée en ce monde le devoir, l'austère devoir, est venu prendre place à côté de vous, et que sans cesse il répète à votre âme ces mots de tout progrès, comme aussi de tout bonheur individuel et social : mets bien haut ta pensée, place plus haut encore ton amour et ton cœur; lutte avec énergie et prends courage, car si la lutte est dure, au ciel la récompense est douce!

Et maintenant, mes amis, me demandez-vous de vous dire plus clairement encore ce que c'est le devoir? Je vais insister puisque vous semblez en avoir le désir.

Un enfant est aux prises avec l'oisiveté et la paresse: Ces vilains défauts, avec le hideux cortège de tous les vices, veulent s'emparer de son jeune et charmant logis, pour en interdire la porte au travail, au courage, à toutes les nobles et aimables vertus. L'enfant résiste, il lutte, il lutte encore, et voilà qu'enfin il triomphe de tous ces défauts maudits. Le devoir, c'est cet enfant.

Le devoir, c'est le soldat qui sur le champ de bataille expose et sacrifie généreusemeut sa vie pour défendre sa patrie et la religion de ses pères.

Le devoir, c'est encore cet enfant qui aime son père, sa mère, ses frères, ses sœurs; c'est ce père, qui gaiement travaille pour élever la famille que Dieu a confiée à son amour et à ses soins; c'est cette mère qui passe ses veilles au chevet de son fils et qui prodigue à cet enfant, hélas ! si souvent ingrat, mille baisers au milieu de mille caresses.

Ah ! savez-vous ce que le devoir est encore ? C'est le prêtre qui, après avoir renoncé aux joies du siècle, verse sur le monde avec les enseignements du Ciel les trésors de la charité chrétienne. C'est le religieux qui a pris pour seule famille les abandonnés, les délaissés, les malheureux de toute sorte et consume sa vie à les relever de leurs misères.

Eh bien! oui, mes amis, je veux espérer, pour chacun de vous, que vous saurez être des hommes de devoir; vous le serez toute votre vie. Après avoir appris ici à marcher dans la voie du devoir, vous continuerez tous dans le monde à suivre la même route. C'est la voie de l'honneur. Dans ce chemin de l'honneur vous irez le front haut, comme il convient à celui qui remplit sa tâche et accomplit dignement sa mission.

Est-ce à dire que le monde vous décernera toujours des louanges et des éloges? non; à la vue de votre bonne conduite les méchants, (et ils sont nombreux dans le monde!) sentiront s'allumer en eux les feux de leur cuisante envie; ils chercheront à vous percer du dard envenimé de leurs mensonges et de leurs calomnies. Mais qu'importe? voyageur, continue ton chemin, sans te laisser arrêter par les passions jalouses; contente-toi d'opposer aux injures qu'on te donne un peu de mépris, et surtout beaucoup de pitié. Mais évite les conseils de ceux qui veulent t'écarter de l'heureuse voie où tu chemines. Avec les conseils de ces hommes mauvais et pervers, évite avec soin leur compagnie funeste; car rappelle-toi que ce ne sont pas des frères qui t'aiment, ce sont des rusés qui cherchent à t'exploiter.

C'est à ce prix que vous aurez le bonheur, le bonheur dont on peut jouir sur terre. Ne vous y trompez pas, le bonheur n'est pas ailleurs que dans l'accomplissement du devoir. Ni les honneurs, ni les richesses, encore moins les plaisirs ne sauraient vous donner le bonheur: la vertu, la sagesse seules en possèdent le secret, seules elles sauront vous le communiquer.

Parmi les grands d'entre vous, il en est qui bientôt vont quitter cette maison tutélaire. Ils vont continuer dans le monde le combat dont je vous ai parlé et que, depuis plusieurs années, ils ont ici généreusement entrepris. Je leur dois un adieu et je veux leur adresser mes souhaits particuliers.

Lorsqu'un voyageur va visiter un de ces ports, où

le génie de l'homme rassemble ces beaux navires qui le portent à travers les mers, il en admire tout d'abord le nombre, la fière et superbe élégance. Bientôt son attention se fixe sur ceux qui, préparés à voguer vers la pleine mer, sont près de quitter le port. Il aime à voir que la prévoyance a su munir le navire de tout ce qui pourra l'aider à opérer sa course. Mais tout en admirant, il sent une pensée de crainte s'emparer de son âme: ces beaux navires, qui paisiblement se balancent dans le port, attendant le jour de la traversée, sauront-ils tous éviter les écueils dont la mer est semée, et après avoir résisté aux tempêtes et à la fureur des flots, atteindront-ils tous le terme de leur voyage?

Déjà vous avez compris ce que, par ces navires, je veux vous faire comprendre. Je suis le voyageur, Cîteaux est le port, vous êtes les navires. Oui, vous êtes ces navires que le génie chrétien de vos maîtres construit chaque jour, à qui sans cesse il cherche à donner de nouveaux agrès, que sans cesse il s'efforce de blinder contre l'orage et la tempête. A la pensée de ceux d'entre vous qui vont bientôt partir, mon cœur d'ami se demande si tous vous saurez lutter contre le flot, surmonter la tempête, triompher de l'orage. Mais je ne veux pas ouvrir mon âme à la crainte, je veux espérer avec vous et pour chacun de vous. Vous saurez continuer loin d'ici la conduite que vous avez entreprise.

Partez donc, jeunes navires, partez; mais n'oubliez pas le port, le port qui vous a construits, le port qui vous a armés, le port où vous reviendrez, car vous l'aimerez toujours.

Et maintenant que vous dire encore, mes jeunes et chers amis? En finissant, j'aurais voulu vous parler de la France et de l'Église; mais il faut que j'abrége.

La France vous l'aimez, vous l'aimez beaucoup; je veux pourtant vous demander de l'aimer davantage encore. Oui, aimez la patrie; mais sachez à quelles sources pures, on puise son amour. Soyez justes, laborieux, sobres; ayez les vertus chrétiennes et vous aimerez la France. On aime la France quand on est chrétien; mais on est chrétien, non par des semblants de vertu dont on fait parade, mais par une vie conforme à toutes les lois de l'Eglise.

L'Église, c'est notre autre patrie; c'est aussi notre mère. Vous l'aimerez, vous aurez pour elle un tendre et vivant amour. Cet amour, loin de combattre celui que réclame la France, l'enflammera des plus belles ardeurs et en fera briller la dévorante flamme.

En aimant l'Église, vous aimerez le souverain Pontife, son auguste chef, le Pape Pie I X. C'est lui qui, dans les temps de ténèbres morales qui semblent envahir les âmes, porte la lumière et montre la voie qu'il faut suivre. Aimez donc le Pape et soyez dociles à ses enseignements. Sur les plages les plus lointaines, comme au sommet des plus âpres montagnes, partout où la prière murmure le nom de Dieu, elle soupire aussi pour le Pontife romain. De ces belles et fertiles plaines de la Bourgogne, que la colonie de Citeaux adresse au Ciel, pour l'immortel Pontife, sa plus ardente prière, et qu'elle lui envoie l'hommage de son invincible espoir dans son éternel amour.

Imp. de la Colonie de CÎTEAUX.